LETTRES

DE LA

Grenouillère

IL A ÉTÉ TIRÉ DE CET OUVRAGE :

3 exemplaires sur peau de vélin.
3 — sur parchemin.
5 — sur papier du Japon.
200 — sur papier de Hollande.

N° 178

Guillaumot fils del sc.

J.-J. VADÉ

LETTRES

DE LA

Grenouillère

SUIVIES DE

QUATRE BOUQUETS POISSARDS

RÉIMPRESSION DES ÉDITIONS ORIGINALES

AVEC NOTICE

PAR

GEORGES D'HEYLLI

Eau-forte par GUILLAUMOT FILS

PARIS

ÉDITION DÉDIÉE AUX AMIS DES LIVRES

M D CCC LXXXV

AVANT-PROPOS

JEAN-JOSEPH VADÉ *valait mieux que sa réputation. On a souvent comparé son débraillé de style et d'esprit au débraillé vulgaire de Callot ou de Téniers qui, en effet, n'ont pas laissé des œuvres de haute distinction au point de vue de l'attitude et de la tenue des personnages qu'ils y ont représentés et peints; Voltaire, qui s'est*

cependant servi du nom de Vadé pour
en faire un de ses nombreux pseudony-
mes, l'a qualifié de « polisson », notamment dans une lettre à Mme du Deffand
du 7 septembre 1774. Tout cela n'a pas
trop nui à Vadé, qui n'était peut-être
pas, en somme, aussi polisson que cela.
Il avait de l'esprit, de la gaîté, et surtout il maniait avec une grande dextérité
cette fine pointe gauloise et grivoise qui
se retrouve dans beaucoup d'œuvres des
mieux inspirées de notre littérature
nationale. Cet écrivain, tout « poissard »
qu'il ait pu être, descendait de la meil-
leure race littéraire : c'était un véritable
petit-fils de Rabelais.

Il ne faut pas oublier non plus qu'on
lui doit le premier opéra-comique digne
de ce nom, Les Troqueurs (foire Saint-
Laurent, 30 juillet 1753), et que

même il a fait représenter une petite comédie, Les Visites du Jour de l'An (*3 janvier 1749*), au Théâtre-Français. Elle n'eut pas de succès, il est vrai, mais elle démontre que Vadé avait souvent des aspirations plus élevées que celles du genre où il a excellé, et dont sa fameuse Pipe cassée est le type le plus concluant comme aussi le plus cité. Mais son théâtre tout entier — et il est relativement considérable — lui a donné de son vivant plus de célébrité et de vogue que ses autres écrits. Ce sont surtout ses parodies qui attiraient le public à ces théâtres de la foire plus courus que les grands théâtres eux-mêmes qui, dans la jalousie de leur succès, causèrent à leur expansion tant de difficultés et d'entraves.

Le poëte Dorat a peint ce Vadé-là en

quelques vers très caractéristiques et qui constituent·son meilleur portrait :

Jaloux de la saisir sans masque et sans parure
Jusques aux Porcherons il chercha la nature.
En est-il au village? il en traçait les mœurs,
Trinquait, pour mieux les peindre, avec les racoleurs (1),
Et changeant tous les jours de ton et de palette,
Crayonnait sur un port Jérôme et Fanchonnette (2).

Le petit poème égrillard La Pipe *cassée a été souvent réimprimé. Les œuvres de Vadé, partielles ou complètes, ont eu d'ailleurs de nombreuses éditions et rééditions à toutes les époques. Depuis 1757, année de sa mort, nous avons eu les éditions de 1796, 1801; huit éditions diverses de 1801 à 1816; six*

(1) *Les Racoleurs,* pièce de Vadé (11 mars 1756).

(2) *Jérôme et Fanchonnette,* pastorale (18 février 1755).

autres de 1820 à 1838, etc..., sans compter les réimpressions d'ouvrages isolés ou de pièces poétiques ou théâtrales choisies. On voit que cet écrivain, parfois si décrié et si conspué, a cependant joui, en tous les temps, de la faveur publique.

Nous réunissons aujourd'hui, dans le présent petit volume, trois des œuvres de Vadé qui nous semblent mériter, plus encore que les autres, de lui survivre. La plus importante, Lettres de la Grenouillère (1749, in-8°), est un écrit simple et naïf, sans prétention, et dans lequel l'auteur fait parler à un marinier et à une blanchisseuse le seul langage auquel ils soient accoutumés. L'ensemble des vingt-cinq lettres qui composent cette sorte d'idylle campagnarde, offre un véritable intérêt. On y voit naître et on y suit la passion qu'éprouvent l'un pour l'autre, deux personnages vulgaires à coup sûr, mais dont les sentiments amoureux ne se manifestent pas, quant au fond, autrement que pour les autres. L'amour est de tous les temps et de tous les pays, a-t-on dit ; il est le même partout, et on peut ajouter qu'il est le même dans toutes les conditions. Les sensations intimes de Jérosme Dubois et de Nanette Dubut, les deux héros de Vadé, ressemblent à celles qui doivent hanter, en de semblables circonstances, les héros de récits plus relevés et peut-être moins naïvement intéressants. Tous les sentiments sont ici gradués avec une habile progression, et les deux amoureux passent successivement par tous les tourments, y compris surtout celui de la jalousie, qui rendent à la fois si terrible et si doux ce martyre de l'amour longtemps inassouvi. Ce sont peut-être là de bien grands mots pour qualifier les péripéties d'une si simple histoire ; mais les termes ne sauraient varier pour peindre des émotions et des bonheurs identiques, quel que soit le milieu où ils se produisent.

Le joli épisode de la brouille et du raccommodement des deux amoureux, causé par la rivalité de ce Cadet Eustache, que Jérosme voit tout à coup apparaître entre lui et celle qu'il aime, donne lieu aux réflexions les plus vraies et à la conclusion la plus naturelle. Eustache est évincé et Jérosme épouse Nanette. Jamais la blanchisseuse n'avait aimé Eustache, mais pouvait-elle l'empêcher d'avoir de l'esprit et de la gaîté ? Et comme ce pauvre Jérosme souffre durement de l'abandon dont il se croit la victime! Tout cela est raconté avec tant de naturel et avec tant de vérité!

Puis, quand le mariage est consommé, Cadet Eustache reparaît à nouveau. Cette fois, c'est pour complimenter par lettre son rival — ou du moins celui qui l'a soupçonné lui-même d'être le sien — sur le bonheur de son union enfin conclue. Cette Lettre de Cadet Eustache complète admirablement le récit. Il écrit à la fois en prose et en vers, ce don Juan de village, et quelle prose! et quels vers!... Comme il est plus boursouflé et surtout bien moins naïf et sincère que Jérosme, et comme il fait grand étalage de son bel esprit! Mais il peut désormais rôder autour du logis, il est clair que Nanette ne fera de longtemps attention à lui, et que son Jérosme lui tient pour toujours au cœur!

Nous complétons ce petit volume par les quatre plus célèbres Bouquets de Vadé, qui en a publié plusieurs autres. Ceux-ci forment un tout bien complet, et ils sont pour ainsi dire inséparables. Ici, nous retrouvons la verve poissarde de l'auteur, et aussi quelques jolies peintures de mœurs prises dans ce monde trivial et bas des Halles, où Vadé allait peut-être trop souvent chercher ses inspirations. Mais il y a dans ces quatre bouquets, bien qu'ils soient intitulés poissards, moins d'épices, moins de « salaisons » que dans certains autres, et d'ailleurs ils sont des plus curieux comme « couleur locale ». Vadé a pris soin d'indiquer, dans la petite note qui les précède, sur quel ton il convient de les dire, c'est-à-dire le poing sur la hanche.

J'ai déjà dit que Vadé mourut en 1757; il n'avait pas encore trente-neuf ans. Collé, dans son Journal historique, lui a consacré un intéressant chapitre. Il loue son caractère aimable et doux, et son talent pour la chanson. « Il n'avait pas fait ses études; et ne savait rien, d'ailleurs..., ajoute-t-il..., mais il aimait le jeu à la fureur..., et il vivait avec toutes les coquines de l'Opéra-Comique. » Sa dernière maîtresse fut une demoiselle Verrier, actrice pas très connue, dont il eut, dit-on, la fille qui a porté son nom à la Comédie-Française. Cette fille mourut à environ vingt-quatre ans, mais on ne sait rien de précis sur son état civil. Elle débuta, près de vingt ans après la mort de son père, le 2 mars 1776, dans Iphigénie. Elle était élève de Mlle Dumesnil. Elle joua ensuite Isabelle de l'École des Maris, Agnès, de l'École des Femmes, etc... Elle eut l'honneur de balancer un moment la gloire naissante de Mlle Contat, mais elle ne put néanmoins devenir sociétaire. Quant à sa vie privée, elle ne fut pas, tant s'en faut, des plus édifiantes. Son premier amant fut le comédien Bellecour, dont ses infidélités abrégèrent dit-on la vie, et qui mourut le 20 novembre 1778, un peu plus de deux ans après les débuts de l'inconstante maîtresse pour laquelle il avait à la fois ruiné sa santé et sa bourse. Mlle Vadé ne lui survécut que peu de temps ; elle mourut à son tour le 18 janvier 1780, d'une fluxion de poitrine gagnée à la suite d'une orgie trop prolongée. Avec elle disparut le nom de Vadé, qu'elle n'aurait pas d'ailleurs elle-même perpétué légalement; mais elle n'eut pas de descendance.

Vadé a été plusieurs fois biographié, et divers écrivains nous ont raconté sa vie, ou ont apprécié ses œuvres, notamment M. Taschereau, dans la Revue rétrospective, et M. Liévin, dans la Revue contemporaine. Plus récemment, M. Julien Lemer a donné une excellente notice en tête de l'édition des œuvres choisies de Vadé, qu'il a publiée chez Garnier frères (1875), et notre confrère Georges Lecocq a accompagné une réimpression d'œuvres de Vadé, parue chez Quantin en 1879, d'un consciencieux travail à la fois biographique et bibliographique, que nous ne saurions trop recommander aux érudits. Comme on le voit, Vadé, à plus de cent ans de distance, trouve encore des éditeurs et des lecteurs, en dépit du dénigrement systématique et même des injures de certains de ses contemporains dont, malheureusement pour sa mémoire, le jugement beaucoup trop sévère et inique parfois a pour ainsi dire, même encore aujourd'hui, comme force de loi.

GEORGES D'HEYLLI.

Mars 1885.

LETTRES

DE LA GRENOUILLERE,

ENTRE

Mr JEROSME DUBOIS,

Pêcheux du Gros-Caillou.

ET

Mlle NANETTE DUBUT,

Blanchisseuse de linge fin.

A LA GRENOUILLERE,

AVERTISSEMENT

———

IL y a toute aparence qu'après leur mariage, les deux Amans auteurs de ces Lettres, en ont fait dépositaire Madame Dubut la Mere, puis qu'après sa mort, en faisant l'inventaire de ses meubles, on trouva lesdites Lettres dans un tiroir; une seule, dont on fit lecture, annonçant que les autres pouvoient être dans le même genre, on s'en empara furtivement; on les fit tranfcrire fans y rien changer, & on les donne aujourd'huy au Public, autant pour fon amusement que pour la gloire de Monfieur Jérôme Dubois & de Mademoifelle Nanette Dubut.

—◇—◇—◇—

LETTRES

ENTRE

Mr JÉROSME DUBOIS

ET

Mlle NANETTE DUBUT.

I

MANESELLE,

Quand dabord qu'on n'a plus fon cœur à foi, c'eft figne qu'une autre perfonne l'a : & pour afin qu'vous n'trouviez pas ça mauvais, c'eſt que j'vous diray qu'vous avez l'mien. J'ay eû la valiſſance & l'honneur d'vous voir dans un endroit de danſe au Gros-Caillou par plusieurs différentes fois, & qui pis eſt, j'ai danſé aveuc vous trois m'nuets & puis le paſſepied, en payant, dont je ne r'grette pas la dépenſe, parce que ça n'eſt pas, ſuivant ce qu'vous vallez. Pour revenir donc à ce que ce j'diſions, j'mapelle Jé-rôme Dubois, & en tout cas qu'vous ne remettiez pas mon nom, j'ſuis ce grand garçon qui a ſes cheveux en cadenette, & puis une canne, les Dimanches, de geay, & qui a auſſi un habit jeaune couleur de ma culotte neuve, & des bas à l'avenant. J'ame-neray Dimanche ma mere au même lieu qu'vous avez venu la derniere fois, pour qu'alle faffe connoiffance aveuc votre mere & puis moi aveuc vous, & ça fera fort ben fait à moi que je puiffe vous faire partager l'ami- quié que j'goute pour vous dont j'fuis avec du plaifir,

MANESELLE,

Votre petit farviteur de tout mon cœur, JÉRÔME DUBOIS, Pêcheux d'la Guernouyere, là où que j'de- meure pour attendre vote réponfe.

—◇—◇—

II

MONSIEUX,

J'ay reçû vote Lettre là où ce que j'ay lû l'écriture qu'étoit dedans, j'nay pas un brin la r'souvenance d'vous connoître, & ça m'a fait plaisir d'aprendre de vos nouvelles. Pour à l'égard d'vote politesse, j'ay trouvé du contraire dans la vérité que j'aye vote cœur, à cause qu'on n'a pas le bien d'autruy sans qu'on le donne; ça fait connoître qu'une fille d'honneur ne prend rien, par ainsi j'nay pas vote cœur ; & puis tous les ceux qui diſont ça pour rire n'allont pas l'dire à Rome, car les Garçons du jour d'aujourd'huy ſçavont ſi bien emboiſer les filles, que je devrions en être ſoules ; c'eſt pourquoy j'vous prie d'brûler ſte Lettre, dont j'ſuis aveuc reſpect,

MONSIEUX,

Votre très-humbe ſervante

NANETTE DUBUT.

—◇—

III

Maneselle,

En vrté d'Dieu, vote doutance fait tort à un Garçon comme moi, dont la façon que je penfe naïbelment eft auffi ben du vray, comme vous avez d'lhonneur; fi j'navois pas d'lamiquié envers vous, eft-ce que j'fongerois tant-feulement à vote parfonne ? Allez, Manefelle, quoique je n'foyons qu'un Guernouyeux, j'ons peut-être plus d'infperiance dans la vérité qu'non pas un habile homme; vote darniere Let-

tre eft gentille à manger, par où je
m'doute qu'vous avez encore plus d'efprit que d'mérite; marque de ça c'eft
que j'vous envoye une paire d'anguil-
les, aveuc trois brochets que j'ons pê-
chés à ce matin, comme par exprès
pour vous, j'voudrois qu'ils fuffiont
d'argent maffif, ça fautroit encore
ben plus aux yeux, & ça vous froit
mieux voir que j'vous ai donné mon
cœur; car on ne fait pas d'offrande fi
honnête à un queuqu'un qu'on n'aime
pas d'la manière que je fuis,

Votre, &c.

——◇—◇—◇——

IV

MONSIEUX,

Le jeune garçon dont vous m'avez envoyé pour qu'il me préfente vote offrande, j'ly ai dit d'ma part qu'il n'avoit qu'à l'porter à la Halle. A nous des préfens! Et pourquoi donc faire? Eh mais vrament, Monfieux, pour qui nous prenez-vous? Si j'aimions un queuquezun, je n'voudrions rien pour ça; eh mais j'vous dis! ne vla-t'y pas comme Charlot Colin a fait à l'endroit d'ma fœur Madelon?

Le chien qu'il eſt ly a comme ça uſé d'pricaution à l'endroit d'elle ? Alle a reçû tout ce qu'il ly a donné, & puis après l'vivant dabord qu'il a eu le plus beau & le meyeur de ſon amour, il vous l'a plantée là, qn'elle a eû une fatigue de retrouver à ſe marier. Ex-cuſez ſi j'nen fait pas tout de même & ſi je prends la liberté de ne pas être,

Votre, &c.

V

Maneselle,

Dieu m'préfarve pluſtot d'votre
malédiction, qu'du rheume où je ſuis
à force de me chagriner; j'ſuis fâché
d'vous avoir fait une manque de bien-
veuillance; ça m'aprendra à vivre,
j'voudrois avoir les chiens de poiſſons
dans l'ventre; parguié j'ai ben du
guignon! Ah, Maneſelle Nanette, ne
me joüez pas l'tour de ne plus avoir
affaire à moi, car j'aimerois quaſi
mieux me voir à la mort de mes jours

que d'voir de mes yeux vos bonnes graces pour moi à l'extermité de leur fin, & que de ne pas augmenter l'amour dont le bon motif eft en verté comme,

Votre, &c.

—◦◇◦—

VI

Maneselle,

Vla deux jours que je n'dors pas, dont le chagrin me rend trifte de plus en plus, fans qu'vous répondiez à ma Lettre ftella d'avant ftelle-ci. Queu malheur! foi d'honnête garçon ça m'défole; j'ai faim & j'nai pas l'courage d'manger; ma mere croit que j'vas d'venir enragé; tout le monde rit, & moi j'pleure comme un Saint Pierre; il fait beau tems, j'prends ça pour d'la pluye, tout m'femble à l'arbour, & tout ça à caufe de vous. Tenez, Manefelle Na-nette, je vous le dis, fi par hazard je ne touche pas de vos nouvelles après qu'vous aurez lû ce qu'vous allez lire; j'fais une vente de tout mon vaillant, & je m'en vas trouver un Prêtre d'note Paroiffe, j'ly donne tout mon argent à celle fin qu'il prie Dieu qu'il vous confarve, & puis j'men reviens fur la gueule de mon bacheau, & cra-que dans l'eau la tête devant, les poif-fons qui feront la cause de ma mort, mangeront pour leur peine

Votre, &c.

VII

MONSIEUX,

J'n'avons pas le cœur auſſi dur
que du machefer; je n'demandons
pas la mort du vivant comme vous;
ben du contraire; ſi je ne vous ai pas
écrit une réponſe à l'autre Lettre d'a-
vanzhier, c'eſt qu'mon frere Jean-
Loüis qui s'eſt brûlé une de ſes mains
droite, il a pris toute note encre
pour mettre deſſus ſa brûlure; ça
n'empêche pas qu'une autre fois ne
m'envoyez plus de préſent toujours,

car y gn'auroit plus à dire un facage
de regrets dont vous auriez été mor-
tifié, une fille de la vertu a de la
penfée dans l'cœur, dont alle peut
fe vanter que fa confcience n'a pas
une épingle à redire, tout d'même
qu'ma mere qu'eft une femme d'honneur, comme j'fuis,

Votre, &c.

Ma mere ira demain Dimanche
aveuc moi au Gros-Caillou comme y
avoit Dimanche huit jours; fi vous
venez ytout aveuc la vote, mettez un
peu de poudre à vos cheveux fans
que ça paroiffe.

VIII

MANESELLE,

C'eſt ben domage que ce n'eſt pas tous les jours Dimanche comme le jour d'hier, car j'aurions la conſolance d'nous voir tant qu'aſſez. Jarny! que j'étois aiſe d'être content en mangeant ſte ſalade aveuc vous, Maneſelle, de chicorée ſauvage, il me ſemblit que je grugeois du ſellery tant vos yeux me donniont des échauffaiſons ; j'ai danſé nous deux vote mere ;

mais alle n'danfe pas fi ben qu'vous.
Alle vouloit pourtant dire fi, moi
j'nay pas voulu ly dire qu'non, parce
qu'alle n'eft pas une étrange; mais
c'eft vous qu'avez une téribe grace
quand vous danfez l'allemande. Le
violon n'peut pas vous fuivre. Et puis
aveuc ça vous chantez comme un
foleil : en verté plus je vous r'gardois,
& plus j'trouvois qu'vous aviez l'air
d'un miracle. J'vous ay embraffé aveuc
la permiffion d'la Compagnie, j'étois à
moi feul plus ravi qu'touts les bien-
hureux qui gna eu depuis que l'monde
eft dans l'monde. Vous ferez toujours dans l'idée de ma mémoire;
j'vous ai dit ça hier, ça m'vient encore dans la penfée, parce que c'eft
une efpèce d'amiquié d'ardeur qui

fait que j'vous dis ce que j'vous dis,
comme si je pouvois être encore plus
chenument,

Votre, &c.

IX

Monsieux,

Vous m'dites aveuc d'l'écriture
comme par paroles, qu'vous m'aimez
ben ; j'crois ben en Dieu. J'voudrois ben favoir par queulle occasion
vous m'dites ça ; c'eft ptêtre d'la
gouaille qu'vous me r'pouffez ; tenez
c'eft qu'y a des garçons qui avont
tant d'amour ! tant d'amour ! qu'ils
le fépartageont à toutes les filles qui
voyont, c'eft, Dieu me pardonne,
comme des parpillons qui faifont po-

liteffe à une fleur, & puis qui faifont
par ensuite comparaifon aveuc une
autre ; fi en cas vous n'êtes pas tout
d'même, Dieu foit beni. Ça m'fra
figurer dans mon efprit qu'vous avez
ben d'l'égard pour ma confidération ;
je n'veux plus vous écrire comme ça,
car ça mange mon tems, ça r'cule
mon ouvrage, & vote honêteté avance
dans mon intérieur plus que d'coutume, j'fuis en attendant,

Votre, &c.

X

MANESELLE,

Vous avez dans vote tête des efcru-
pules pour moi dont j'voudrois faire
invanoüir la doutance ; l'defir d'mon
efpérance touchant votre fujet, n'veut-
y pas dire que je ferai vote farviteur
tout au mieux ? Premierement, vous
êtes beaucoup belle, & pis moi j'fuis
parfévereux ; oüi Manefelle, j'voudrois qu'ma vie en foit quatre & puis

les mettre au bout l'une de l'autre,
ça ferait pour vous farvir plus longtems, l'témoignage de ça n'as pas
befoin de d'fignifiance, car l'article
d'la mort me fra tout comme d'un
clou à foufflet, & pis quand même
j'mourrois, je n'changerois pas pour
ça. Les autres filles n'me conve-
nont pas comme vous ; qu'alles viennent pour voir auprès d'moi comme
farpeguié j'vous les accueilleront !
alles auront beau dire, Monfieur
Jérôme ; comment ça vati ? Eh hu !
j'te réponds, par-deffur l'épaule ;
mais tiens, vois dont s'diront-elles,
il eft ben fier ! comme y fait ! Allez,
Manefelle, que j'dirai, ça eft énutile, 'vla tout, charchez des fareaux
ayeurs. Adieu; Manefelle Nanette,

j'prenrons la vanité d'vous aller voir
demain avant l'après-diner pour vous
dire que j'fuis tout en plein,

Votre, &c.

———◇—◇—◇———

XI

MONSIEUX,

N'venez pas comme ça d'ſi dc bonneheure, comme c'eſt qu'vous avez venu hier; ma mere vient de m'dire qu'notre linge étoit mal repaſſé, & qu'ça venoit de ce que vous veniez pas aſſez tard, faut venir le ſoir voyez-vous; car je ne ſçaurois vous voir & puis travailler, ça fait deux taſches tout en un coup. En revenant nous revoir demain, n'manquez pas d'ame-ner aveuc vous ſte chanſon qu'vous

avez chanté d'votre voix advanzhier ;
ma mere m'a dit qu'alle étoit gentille à manger ; c'eft une vivante qui
s'y connoît, fa Comere qu'eft marchande de ça ly en donne une infinité horibe ; gna ytout un jeune garçon qui y fera, qui en fçait par cœur
tout fin plein, tâchez qu'vote coufin
en revenant de Séve tumbe cheux
nous, ça fera qu'plus on eft de fous &
plus on rit ; ma maraine Marie-Barbe
& puis fa fille alles vianront exprès.
Je leuz ai fait envoyer dire par hazard, qu'alles n'auriont qu'à venir, à
moins qu'alles n'ayont pas le tems,
comme de raison queuquefois. Pas
moins j'fuis,

Votre, &c.

XII

MANESELLE,

Je nous avons ben divarti hier,
jarnonce qu'voté maraine devife ben!
c'eft auffi pire qu'vous! cependant
pourtant s'il y avoit une pariure à
faire de laqueule de tous les deux qui
a plus de chofes dans le gazouillage,
j'mettrois ma tête à couper qu'vous
r'gouleriez votre maraine fur toutes
fortes. Pour au fujet de Cadet Huftache qui a donc chanté l'plus fort

(pendant deux heures) de la Compagnie, c'est un fignoleux, mais y fait trop l'fendant, à cause qu'il a du bec & qui fait la rufmétique comme un Abbé, y veut fringuer par d'ffus nous? Y n'a qu'faire de tant faire; je l'connois ben, c'eft un petit chien de caffeux qui a des fucrés nazis un peu trop derechef; qu'il n'y ravienne pas davantage à mon occafion toujours, car je le r'muerois d'un fier goût, & fans l'honnêteté que j'vous dois, j'y aurions fait voir qu'j'avons des bras qui valont ben fa langue; ai-je t'y affaire d'avoir befoin de ça moi? il m'a fait tout devant vous une dérifion fur la chanfon qu'j'avons chanté en vote honneur. Ça fait-y plaifir à un queuqu'un comme je pourrois être?

J'voudrois ben voir, pour voir comment y froit pour en faire lui qui fait tant l'olimberius. Ste chanson alle est belle & bonne, alle devient d'un d'mes amis que je connois qu'est cheux un Bureau d'la Barriere des Jinvalides, qui a d'l'esprit, Dame! faut voir! & qu'en mangeroit quatre comme cadet Hustache; j'y avons payé du vin pour ça & j'vous l'envoyons, comme vote volonté l'désire.

AIR: *En passant sur le Pont-Neuf.*

Je suis amoureux très-fort
(En vla pour jusqu'à ma mort)
De la plus belle parsonne
Qui gn'aye dedans Paris
Et c'est squifait que j'ly donne
Mon cœur qu'alle m'avoit pris

Je ly jure fur ma foi
Que je l'aime autant que moi ;
Son nom s'apelle Nanette,
Si je peux ly plaire un jour
Ma fortune fera faite
Ma richeffe eft fon amour.

La vla comme alle eft, Manefelle, ça n'fra pas la darniere, car j'en aurons p'têtre encore. J'm'en irai demain à S. Clou environ la valiffance d'huit jours, dont vla mon adreffe, à Monfieux Jérôme Dubois, à l'Image S. Glaude. J'n'oze pas vous aller dire mes aguieux, car ça m'froit une peine de chien ; ça n'empêche pas que je n'vous quitte avec la même quantité d'amiquié, comme fi je n'vous quittois pas pour vous figniffier que j'fuis volontiers,

Votre, &c.

XIII

MONSIEUX,

J'vous fouhaite un bon voyage & une parfaite fanté, accompagnée de plusieurs autres; vla donc huit jours qu'je n'vous voirai pas qu'dans ma penfée, enfin faut prendre patience ; mais j'vous dirai queuque chofe touchant l'difcours d'vote Lettre d'hier, ça n'eft pas permis qu'on foye d'mauvaife himeur dans l'plein cœur d'la joie, vous avez roulé votre corps dans la politeffe & vous manquez dans la civilité, par la magnere qu'vous avez

agi fur la converfation de Monfieur Cadet Huftache; ce garçon il
eft drôle comme tout, & y n'mérite
pas la fâcherie qu'vous ly faites; queu
mal y a ty d'rire l'un aveuc l'aute?
J'vous dirai qu'dans le monde faut
vivre aveuc les vivans, j'fçais ben
qu'il a fait une moqrie fur vote intention, mais alors qu'on gouaye pour
badiner ça n'eft pas pour tout d'bon;
un joli garçon prend ça d'la part
qu'ça vient; j'n'aurois donc qu'a eû
m'fâcher auffi comme ça drès qu'ma
Tante m'a dit queuques railles fur la
raifon du nom que je m'nomme,
quand alle a dit, ma Niéce Nanette a
d'l'efprit comme un dragon, c'eft
dommage qu'alle porte l'nom d'âne
pour sa fête; & moi j'vous ly ai ré-

pondu, Dame! comme on répond
quand on fçait répondre, allez, fi j'fuis
âne ma Tante, j'nen ai pas moins la
crainte d'Dieu d'vant les yeux; là-
deffus alle s'eft tait ben vîte comme
vous favez, & puis alle a changé
d'difcours fur un aute langage ben
plus moins gauffeux. Ça vous montre-
t'y pas que j'devons être pas tant
d'une himeur qui s'offenfe, comme
fi c'étoit ben gracieux d'être comme
ça. C'eft pourquoi faut mieux du ca-
ractére aifié qu'du rude; moi j'aime
mieux un mouton qu'un loup, par-
quoi j'voudrois qu'vous ayez un peu
d'douceur pour que j'vous r'gardit
comme un mouton, comme j'ferai
toujours,　　　　Votre, &c.

XIV

MANESELLE,

C'eſt ben vrai ce qu'vous dites-là,
faut pas s'arrêter à la langue d'un
moqueux, & puis, queuque ça m'fait
tout ça ? Pourvû qu'j'ayons une bran-
che d'vote amiquié ? J'faiſons plus
d'contenance d'un filet d'vote paroly
que d'un tas d'jazeux qui ſe faiſont
gros comme des bœufs, à cauſe qu'ils
avont pour deux yards d'inloquence.
Vous n'avez qu'à dire moi j'ferai
doux morguié comme d'l'eau d'any

pour marque d'obéiſſance. A propos
je ſommes arrivés à bon port, hormis
qu'j'ons pensé périr roide comme une
barre. Faut que j'vous conte ça. Tenez, Maneſelle Nanette, émaginez-
vous que je ſommes dans un grand
bacheau qui voyage à Val-Pont ;
j'équions à vingt pas d'la grande ar-
che du Point d'ſaint Clou ; j'dis à Jean-
Loüis à Moyau ! hé ! à Moyau ! vla
mon chien qu'étoit ſoul comme un
trente mille gueux, qui force l'gou-
vernail d'une rude force ça fait faire
au bacheau l'coude. Sarpeguié j'dis,
noùs vla ben ! j'veux ravirer à mont
toùt d'même c'eſt énutile, & puis tout
d'ſuite la gueule du bacheau pan !
s'écalventre contre la pile, j'croyois
l'guiabe m'enléve qu'jéquions logés ;

mais par bonheur j'n'eûmes pas d'malheur ; j'en fûmes quites pour un
pot d'rogome que j'bûmes à la fanté
d'la providence pour fa peine qu'alle
nous avoit préfarvés d'aller tertous à la
morgue. Je n'craignois de furmarger
qu'dans la peur de n'plus être,

Votre, &c.

XV

MONSIEUX,

Y a du grabuge à note maiſon par rapport à moi & ma mere à cauſe d'vous; j'étois après à lire vote Lettre dont j'n'ai pas pû achever la fin, comme vous allez voir, ſi ben donc qu'vla qu'eſt ben, ma mere entrit ſur le champ, alle m'dit bonnement quoiqu'c'eſt qu'çà qu'ta là? Moi, j'dis rien. Ah, dit-elle, c'eſt queuque choſe. Ce n'eſt rien j'vous dis. J'parie, dit-elle, c'eſt queu-qu'choſe? Pardy ma mere j'dis, ce

n'eſt rien, eh puis quand ça ſeroit
queuqu'choſe j'dis, ça n'vous froit
rien ; là-deſſus alle m'arrachit vote
Lettre & puis alle liſit l'écriture tout
du long. Ah! ah! ſe mit-elle à dire,
c'eſt donc comme ça qu'vous y allez
aveuc vote Jérôme Dubois ? Ah le
chenapan il l'attrapra, c'eſt pour ly,
on ly garde ; & toy chienne vla pour
toi. Quoi vous vous écrivez d'zécri-
tures en d'ſous main ? Malhureuſe
que t'es ! vla donc s'que t'as apris au
catéchiſſe ? Encore ſi s'garçon la pou-
voit faire un bon aſſortiſſage j'dirois.
Mais ma mere j'dis, c'eſt un bon tra-
vayeux, je n'ſommes pas plus qu'ly ;
une blanchiſſeuſe n'esſt pas une groſſe
Dame ; oüi da, dit-elle, y a blanchiſſeuſe & blanchiſſeuſe, toy t'es blan-

chiſſeuſe en menu, & quand même tu n'blanchirois qu'du gros, drès qu'on za de l'inducation, gueuſe! fille de paille vaut garçon d'or. Eh ben j'dis ma mere quoiqu'je n'ſoyons pas d'paille, je n'voulons pas d'homme d'or ny d'argent, nous en faut un tout comme Monſieux Jérôme Dubois; j'ſuis fille d'honneur, il eſt honnête garçon, oüy ma mere, j'nous aimons à cauſe d'ça, & j'nous aimerons tan que l'corps nous battra dans l'âme, là-deſſus alle m'a encore apliqué une baffe d'ſüs l'viſage, & puis alle a dit que j'ly payerois, mais ça n'empêchera pas l'continuage d'la-miquié dont j'ſuis,

Votre, &c.

XVI

MANESELLE,

C'eſt pour vous r'marcier d'la magnere qu'vote mere a été r'bouiſſée
par la ſoutenance d'vote farmeté à
mon ſujet; & c'eſt fort mal fait à
elle d'avoir dit ça, ſi j'n'avons pas des
richeſſes, j'ons un ſavoir faire. Qu'alle
ne faſſe pas tant la Bourgeoiſe; ſi alle
a d'la valeur c'eſt qu'alle a fait une
brave & genti-fille comme vous, ſans
ça j'n'en donnerois pas la moiquié de
rien. Pour à l'égard de s'qui eſt

d'moi, j'vous aime tant, qu'au lieur
de n'partir qu'lundy, j'décampe demain. Vla quate jours que je n'vous
vois pas m'eſt avis qu'c'eſt comme ſi
j'avois été quate mois au Fort-l'Evê-
cre, queu diantre d'train qu'l'amour,
on eſt comme des je n'ſçais pas quoi !
j'crois moi que j'ſuis malade ; quand
j'travaye les bras m'tumbont, j'ſuis
triſte, & puis j'pense à vous comme ſi
j'n'avois qu'ça à faire, & puis quand
j'ſuis couché j'vous lâche d'groſſes reſ-
pirations, comme ſi on m'avoit fiché
l'tour ; j'ai beau me r'tourner sur un
côté et puis ſur l'aute, je n'ſuis pas
pus avancé à quatre heures du matin
que j'l'étois drès en m'couchant, &
puis à la fin j'm'endors gros comme
un rien, j'crois que j'vous vois en

rêvant, & tout d'fuite je m'réveille pour vous saluer, craque, j't'en caffe! j'trouve qu'mon rêve s'eft moqué d'moi; je n'fçais pas s'que ça veut dire; j'diray à ma mere qu'alle m'faffe feigner, car c'eft comme une fieuvre; p't'être qu'd'abord que j'vous voiray ça ira mieux, car j'fens ben que j'fens ça. J'ai dit à mon Coufin qu'je l'priois d'donner fte lettre ci à vote maraine pour afin qu'vote maraine vous la donne du meyeur plaifir qu'j'aye en vous eftimant, fans oublier la parfection, dont j'fuis,

Votre, &c.

XVII

Monsieux,

Du d'puis qu'vous vla r'venu de
r'tour, vous n'avez entré cheux nous
qu'deux fois, ma mere, quoi qu'alle
y étoit n'a pas empêché qu'vous ly
d'mandiez comment ça va-ty, pour
à propos de ce qu'vous yavez parlé
touchant fa volonté d'nous voir en-
sembe, alle vous a donné la parmif-
fion de ça pour tous les foirs & vous
n'venez feulement pas, ça m'fait de

la peine, parce que j'pénse en moi-
même qu'vous avez p't-être du fenti-
ment pour une aute parfonne, s'qui
froit voir que j'fuis comme la moindre au vis-à-vis d'vote cœur. J'avons
ben ri hier après note ouvrage. Y
avoit cheux nous la même compagnie
qu'il y avoit l'jour d'la dergnere fois
qu'vous y étiez. L'p'tit Cadet Huftache avoit été la veuille aux danfeux
d'corde, il nous a dit l'hiftoire d'tout
ça tout droit comme fi pardy c'é-
toit un Théate; vous auriez bien ri
toujours; ah ça! écrivez-moi donc
la raifon dont je n'vous ons pas
vû du d'puis l'jour qu'vous équiez
d'un visage comme trifte d'vant tout
l'monde, ça vous chagrinoit-y de
m'voir? Tâchez d'faire enforte que

j'vous voye un air content comme
j'fuis, quand j'vous dis que j'fuis,

Votre, &c.

—◇—

XVIII

MANESELLE,

J'voudrois être mort qui m'en eût coûté la vie, parce qu'vous êtes ben-aise quand Cadet Huſtache vous fait rire ; j'dirois ben tout comme ly des riſées ; mais d'abord que j'ſuis auprès d'vous, je n'ſçais pas, j'ai l'eſprit ſur vote reſpect comme une bête ; quand j'vous r'garde y ſembe qu'ma parole s'fourre ytout dans mes yeux, & que j'n'ai d'aute diſcours à vous dire, que ſtila d'vous r'garder ; j'vois ben qu'vous aimez Cadet Huſtache, car vous ly dites toujours, dites-nous donc encore queuque chose ; pour moi y m'tuë quand j'l'entends, & c'eſt la cause pourquoi y a trois jours dont j'vous ai manqué d'voir ; & quand j'ons eu ſt'honneur-là, ça n'étoit parguié pas pour Maneſelle Marianne, ny pour Maneſelle Babet, ny pour Maneſelle Madelon, ny pour Maneſelle Thareſe que j'y allois, vantez-vous en ; & ſans vanité j'y allois pour vous toute fine ſeule, alles aviont beau faire les ſaraudes en magnere d'être agréyables, ça n'me faiſoit ſeulement pas déranger l'attache d'ma vûe de d'ſus vote parſonne, gna qu'vous qui m'ſemble uné parle d'or & qui m'fait du plaiſir

à voir; au lieur qu'ça foit de d'même
du côté d'vous, j'vois qu'vous voyez
fticy ftila aveuc autant d'plaifir que
d'fatisfaction, & Cadet Huftache encore plus fort ; hé ben, vous n'avez qu'à
l'garder ; pour moi j'aime mieux cré-
ver d'chagrin par l'abfence d'vote pré-
fence, que d'voir s'p'tit chien-là cheux
vous comme y eft ; c'eft vrai, car foi
d'honnête garçon j'fuis envieux de l'y
autant qu'je n'ferois pas envieux fi
j'n'avois pas l'amour dont j'fuis,

Votre, &c.

—◇◇◇—

XIX

Monsieux,

Faut s'taire avant que d'parler; c'eſt ben vilain d'être envieux ſans l'occaſion d'un ſujet; Cadet Huſtache eſt drole, mais j'ne vous changerois pas pour deux comme l'y. T'nez, Monſieur Jérôme Dubois, j'm'en vas ſans comparaiſon vous faire une comparaison; ah ça! ſupoſons qu'Cadet Huſtache eſt un chat, là! & puis vous, vous ſerez un chien, excuſez au moins, c'eſt que j'ſupoſe ça. Et moi j'ſerai, révérence parlé unne Dame, que j'ferai la maîtreffe du chat & du chien; n'eft-y pas vrai que s'chat fra des fingeries? Et pis moi, j'rirai. L'chien aura une aute magnere pour être avenant, y m'fuivra, y m'carreffra, &moi je l'flattrai, & j'aurai envers l'y une façon d'amiquié, parce qu'c'eft par amiquié que fte pauve bête fait tout çà; au lieur que l'chat n'jouë qu'par accoutumance & pour la récréance d'ly-même, ça m'réjouira mes yeux de l'voir; mais vla tout; par ainfi vous voyez ben qu'c'eft vous qui eft pus-tôt dans la perférance que j'choifis pour l'meyeur partage; vous en voulez à Cadet Huftache de s'qui vient cheux nous, moi je n'peux pas l'renvoyer; voyez donc ça feroit-y gracieux? Ma mere trouvroit ça une injure pire qu'une offense, dont on froit au jeune homme, parqu'c'eſt une mal'honnêté d'être incivile au ſujet du monde ſans ſujet, & puis aveuc ça ma mere m'demandroit d'où vient qu'ça eſt comme ça ? Faudroit donc après que j'diſe, c'eſt qu'Mon-ſieux Jérôme Dubois veut qu'ça ſoit comme ça, parce qu'ſi ça n'eſt pas comme ça, y s'renvoyera l'y-même d'cheux-nous; enſuite ma mere alle froit l'train comme un ſarpent, & j'en ſerions mauvais marchands; v'nez plûtôt rire tout d'même qu'les autes, & puis enſuite vous voirez qu'je n'frai d'l'amiquié qu'à vous, parce que s'n'eſt qu'à cauſe d'vous que j'ſuis,

Votre, &c.

XX

MANESELLE,

J'ai agi felon comme vous vouliez l'jour d'la Fête, j'ai venu cheuz vous toute la journée & m'eft avis que j'ai ben fait, car vous m'avez marqué des signes d'amiquié une fiere bande, j'veux être grenoüille fi je n'croyois pas être dans l'finfond du Paradis; ça n'empêche pas que je n'fouffre une fouffrance qui m'fra périr mon corps; j'ai à tout moment l'cœur comme fi vous me l'ferriez à deux mains. J'men vas vous écrire au bout d'ça une chanson dont c'eſt moi qu'eſt l'ouvrier, je n'ſavois pas que j'ſavois faire de ça, vous êtes morguié pire qu'unne maîtreſſe d'Ecole, car c'eſt vous qui m'donne d'la capableté dans l'eſprit. Vla donc qu'vous allez chanter la chanſon qu'c'eſt moi qu'j'ai travaillée hier au ſoir avant d'm'endormir.

AIR : *Dedans Paris queulle pitié d'voir tant filles pleurer.*

L'Amour eſt un chien de vaurien
Qui fait plus de mal que de bien,
Habitans de galere
N'vous plaignez pas d'ramer,
Vote mal c'eſt du ſuque
Près de ſtila d'aimer.

Ce fut par un jour de Printems
Que je me déclaris Amant,

Amant d'une brunette
Bell' comme un Curpidon,
Portant fine cornette
Pofée en papillon.

Alle a tous les deux yeux briyans
Comme des pierres de Diamant,
Et la rouge écarlate
Que l'on voit zaux Gobelins
N'eſt que d'la couleur jaune
Au prix de son blanc tein.

Alle a de l'efprit fièrement
Tou comme un Garçon de trente ans,
Ça vous magne d'l'ouvrage
Dam' faut voir comme ça s'tient,
L'diabe m'emporte une Reine
N'blanchiroit pas fi bieu.

J'fçais ben qui n'tendroit qu'à moi
De l'époufer fi all' vouloit,
Son farviteur très-humbe
Attend fa volonté,
Si ça fe fait ben vîte
Fort content je ferai

Ma Mere m'voit tous les jours amaigrir, alle croit qu'jai d'la maladie, alle a prié note voiſine qu'alle s'en aille à la bonne Ste Genevieuve pour auquel une de mes chemiſes touche à ſa Chaſſe & qu'çá m'guériroit, moi j'la prierois pluſtôt pour que j'faſſe mon mariage aveuc vous; j'irai demain vous civiliſer, & puis je frons un entrequien d'conversation là-deſſus, pour en cas qu'ça vous faſſe plaiſir que que faſſe parler ma Mere à vote Mere, afin que j'voyons la définition de tout ça, par quoi j'ferai infiniment,

Votre, &c.

—◇—

XXI

MONSIEUX,

Vous avez forti d'cheux nous Ven-
derdy en façon d'un homme qu'eft
comme une fureur pour la caufe que
j'vous ai pas confenti fut la d'mande
auquel vous m'avez dit que j'vous dife
une réponfe; y a encore du tems
pour que j'nous avifions d'être mariés.
A Pafques prochain qui vient, j'n'auray qu'vingt-trois ans. Faut vous
donner patience pardy moi, j'veux
encore queuqu'tems faire la fille, &

8

puis quand la fantaifie d'être femme
m'prendra j'vous l'dirai; ma maraine
dit comme ça, qui gna pas d'tems
plus genty pour une jeuneffe que où-
ce-qu'on fe fait l'amour; par ainfi
quoique qu'ça vous coûte pour n'pas
attendre un peu plus davantage? Ça
n'peut pas vous enfuir. Voyez par
exemple ma coufine Madelon qu'alle
eft mariée depuis il y a quate mois;
hé ben, alle eft devenue férieufe! férieufe! comme un détéré, au lieur
qu'alle étoit quand alle étoit fille fi
de bonne himeur, qu'c'étoit la parle
des Creyatures qui ont plus d'joyeu-
seté dans une Compagnie. J'vous diray
qu'j'avons chanté fte Chanfon qu'vous
m'avez fait, tout l'monde dit qu'vous
avez d'l'émagination comme la pa-

role d'un Ange; & ç'a m'fait dans l'cœur comme fi c'étoit un p'tit brin d'vanité, qu'vous foyez mon farviteur d'la même attache que j'fuis,

Votre, &c.

J'irons Dimanche manger des beugnets cheux ma Maraine, y yaura fierment d'monde, v'nez-y j'croiray qu'gn'aura qu'vous feul.

—◇◇◇—

XXII

MANESELLE,

Si vous n'm'aimez pas vous n'avez qu'à me l'faire à ſçavoir, parce que ſi ça eſt, j'n'en ſerai pas pus pauvre; tenez nous autes j'ne nous en rapor- tons pas aux geſticulemens des yeux, dont l'cœur leux donne des démen- tis. Dimanche, en joüant au pied d'bœuf, vous tâchiez toujours d'attra- per la main à Cadet Huſtache pour l'y commander d'embraſſer la Com- pagnie, à celle fin qu'vous y trou-

viez ytout vote cottepart; vous aviez
beau m'préfenter des clins d'œil pour
m'faire bonne bouche, ils n'me paf-
fiont pas l'nœud d'la gorge; apparem-
ment qu'je n'fuis pas genty, fuivant
l'goût d'vote magnere; mais j'ai du
cœur toujours, & fi vous équiez auffi-
ben un garçon tout comme moi,
j'nous faboulerions jufqu'à tant que
l'guet nous menit cheux l'Commif-
faire qui vous condamneroit à avoir
tort, parce qu'vous êtes une man-
queufe de parole; n'm'avez-vous pas
dit comme ça que quand j'nous ferions aimé aveuc d'lamour, je compa-
roifferions d'vant un Prêtre au fujet
du mariage ? A ft'heure-ci qu'Cadet
Hufttache vous a engueufée, y fembe
quand j'vous parle d'amiquié ça vous

dévoye, & puis quand j'vous d'mande
fi vous voulez que l'Saquerment
n'faffe d'nous deux qu'une jointure,
vous m'dites qu'vous n'vous fentez
pas d'vacation pour la chofe; ça
étant, dites-moi du oüi ou du nom, fi
vous voulez rompre la paille aveuc
moi, parce que je n'veux pas être
l'dindon d'vos attrapes y en a d'autes
qu'vous qui n'm'en r'vendront pas
comme vous m'en avez r'vendu, car
j'frai ce qui faut faire pour ça; tout
l'monde n'trichera pas,

Votre, &c.

XXIII

MONSIEUX,

Vla donc comme vous y allez ? Ce
que vous faites-là eſt traître comme
un chien; avec vote engueuſement
& vote Cadet Huſtache; quoi qu'tout
ça veut dire ? J'vois ben vote allure,
vous voulez m'faire enrager à celle
fin que j'vous faſſe des duretés, pour
qu'vous diſiez après qu'c'eſt moi
qu'eſt l'original de note brouillerie,
& puis vous m'ſouhàittrez l'bon jour,
pas vrai ? Faloit m'dire ça plûtôt

j'n'aurois pas tant fait bifquer ma
Mere, la pauve femme ! alle avoit ben
raifon ! mais qu'vous êtes genty aveuc
vos complimens ! quoi qu'c'eft que
l'dindon d'mes attrapes ? Allez, Monfieux, vous êtes un difeux d'fottifes ;
allez vous promener & Cadet Huftache ytout ; j'avons Dieu marcy ce
qui faut pour. être glorieufe d'note
honneur. Y a deux ans que j'voulois
entrer pour être Sœur blanchiffeufe,
à l'Hôtel-Dieu ; j'iray da, & drès dans
huit jours ; tout. s'qui m'fait d'la
peine, c'eft qu'j'avois du plaifir à
vous aimer ; j'ferois ben malhureufe
fi ça m'duroit ; mais j'prieray l'bon
Dieu à toutes les fois que j'penseray
à vous, & puis p'têtre que j'ny pen-
feray plus. Allez, faut qu'vous foyez

ben mauvais pour m'avoir dit toutes les feintifes d'amiquié que j'prenois pour du vrai; parfonne ne m'fera de rien & pour le coup j'fuis,

Votre, &c.

XXIV

MANESELLE,

J'vous d'mande pardon comme fi j'vous d'mandois l'aumône; j'vous ai fait du chagrin, ce n'eft pas par exprès, c'eft que j'vous aime fi téribelment, qu'j'apréhendois comme le feu d'vous pardre, j'vous aurois pardue fi Cadet Huftache vous avoit trouvé d'la pente pour fon inclination, j'croyois ça; & j'm'en allois aller demain cheux lui aveuc ma canne pour nous battre à l'efpadron; je fais magner ça, & j'nous ferions r'layé infini-

ment, ah Manefelle Nanette ! que
j'vous fuis ben obligé qu'c'eft moi
qu'vous aimez tout feul ; je m'mo-
que à ft'heure-ci que Cadet Huftache faffe le p'tit riboteur rifibe
quand y vous divartira, ben au lieur
de l'y en vouloir, j'ly payerai queuqu'chofe. Ah ça racommodez-vous
donc nous deux ; auffi non j'mengage
Soldar dans la guerre, j'iray par exprès m'faire bleffer, & puis j'diray
qu'on m'porte à l'Hôtel-Dieu à Paris,
là où ce que vous feriez Sœur ; j'vous
frois d'mander pour qu'vous m'voyez
dans mon lit ; on auroit beau m'gué-
rir j'n'en revienrois pas pour ça.
Voyez queul belle gracieufeté qu'vous
auriez d'voir mourir tout-à-fait,

Votre, &c.

XXV

MONSIEUX,

J'fuis bonne, moi, & ça fait que
j'n'ay pas un brin d'rancune ; j'pleu-
rois comme une folle hier d'nous voir
fâchés tous les deux pour l'amour
l'un d'l'autre ; ma Mere vint à venir,
alle vit que j'tenois ma tête d'une
main, & puis mon mouchoir d'l'autre ; moi je m'léve comme par fem-
blant de rien pour fortir un peu, alle
m'dit, où qu'tu vas ? t'as les yeux
moüillés ; alle m'prend par le bras,

alle veut que l'y conté l'occasion pour
quoi qu'j'avois l'air d'une couleur pâle
& puis les yeux gros; j'lis dis que
j'veux être Sœur à l'Hôtel-Dieu, alle
se met à pleurer ytout, & puis moi je
r'pleure encore; ah, dit-elle, j'aime
mieux qu'tu sois mariée, qu'd'être
Religieuse; tiens ne pleure pas, qui
qu'tu veux épouser, tu n'as qu'à dire;
mais dis donc? Veux-tu d'Monsieur
Jérôme Dubois? Là-dessus j'ly mon-
tris vote darniere Lettre; oh ben,
dit-elle, puis qu'y t'aime ben, je
n'veux pas qu'il s'engage Soldar; tu
n'as qu'à voir si tu l'aime ben ytout;
y n'a qu'à venir me parler ça sera
bentôt fait. Là-dessus j'lai embrassée
d'tout mon cœur; venez donc ben
vîte; allez si vous sçaviez que j'suis

aife, au prix d'hier; je voudrois déjà
être fiancée, ça feroit que je ferions
ben près d'être mariés; queu plaifir
que j'auray d'être vote fervante &
femme.

LETTRE

DE

M. CADET EUSTACHE

A

M. JÉROSME DU BOIS

LETTRE

DE

M. CADET EUSTACHE

A

M. JÉROSME DU BOIS

V'LA bian des fois que j'nous
sommes essayés de prendre la
licence d'vous dire par écriture note
compliment sur vote mariage avec
maneselle *Nanette du But;* j'ons tou-

jours été en arrière de note désir. Cependant pourtant j'y passons dans la moulure d'vos lettres pour un fignoleux. A vote avis j'faisions trop le fandant, et j'y voulons fringuer pardessus les autres, à cause que j'ons du bec, et que j'savons la rusmétique comme un abbé. Vous dites comme ça q'vous nous connaissez ben, et que j'sis un p'tit chien d'casseux qui a des sucrés nazis un peu trop d'rechef! J'ons d'la r'souvenance, et j'savons qu'ils ont fait tout d'vant vous une dérision sur la chanson que j'prime la valicence d'entendre quand j'étions d'la Compagnie où on la chantait en l'honneur de stella qui chante comme un soleil, qui a de la pensée dans le cœur dont al peut s'vanter qu'sa con-

science n'a pas une épingle à redire!
Aussi plus j'la r'gardons même au
jour d'aujourd'hui qu'al est madame vot femme, et plus j'trouvons
qu'al a l'air d'un miracle..... Eh
ben, M. *Jérôme*, j'sis fâché à présent d'vous avoir fait une manque
d'bienveillance, car morgué j'vous
disons avec d'l'écriture comme par
paroles, q'j'vous aimons ben et vote
femme y tout. Le saquerment n'faisons d'vous deux qu'une jointure qui
n'étions pas comme celle des autres
que j'passons dans notre bachot pour
à celle fin de prendre les frais d'liau
dans l'bain d'la rivière. A propos
de ce qui est en cas d'jointure,
j'vous dirons q'j'nous sentons d'la
vacation pour la chose du mariage.

à l'endroit de maneselle *Louison*. Car
voyez-vous, j' n' voulons pas faire
avec elle comme *Charlot Colin* a fait
à l'endroit de maneselle *Magdelon* qui
est vote belle-sœur, parce que maneselle *Nanette du But*, qui est vote
femme, était fille de sa mère que j'ons
bian pleurée, le jour du jour qu'al est
morte. Dame c'était une vivante qui
aimions les chansons, et qui s'y con-
naissait tout aussi-bian qu'sa commère
qui est marchande d'çà, et qui l'y en
donnait une infinité horibe. Pour ce
qui est en cas d'çà, M. *Jérôme*, j'allons
vous faire voir qu'tout ainsi qu'madame vote femme qu'était morgué
pire qu'une maîtresse d'école, puis-
qu'al vous a fait l'ouvrier de ste chanson qu'vous travaillites le jour du soir

avant d'vous endormir. Maneselle *Louison* me donne y tout d'la capableté dans l'esprit! Dame j'nons pas comme vous l'talent d'la constraction, qui fait qu' tout le monde dit que vous avez d'imagination comme la parole d'un ange! Comme j'avons encore note chanson toute fraîche dans l'idée d'note mémoire, j'allons vous la coucher tout d'son long dans l'écriture d'note lettre, pour à celle fin que j'sachions d'vous si dans la conscience n'note cœur, j'pouvons l'adresser à stella qu'j'voulons fester le jour de d'main, qui sera le jour de sa fête.

Y'ALLONS Cadet point d'paresse
Faut fester Louison;
Not cœur qu'iavons d'là tendresse
Vaut un Apollon.

Je n'voulons pas qu'il soupire
  Quand j'haussons la voix;
Mais j'voulons qu'il nous inspire
  Sur le ton grivois.

Louison n'fait jamais la fiere
  Avec ses amis,
Al' sçait la noble magniere
  Des Dam's de Paris.
Quand al' boit, et quand al' chante
  Al' rit de bon cœur,
Al' est comme Madam' sa Tante
  Toujours d'bel-humeur.

C'matin dans son p'tit ménage
  Qu'al' a fait frotter,
Les Commer's du voisinage
  Viendront la fêter,
Mais Nicolas qui babille
  Comme un Perroquet,
En revenant d'la Courtille,
  A prit not Bouquet.

V'la qu'pendant qu'il s'achemine
  Pour v'nir aveuc nous,

Un' Dam' qu'avont bonne mine
   L'y fait les yeux doux.
Tout en causant al' s'approche
   L'ap'lant son amy,
Pis not Bouquet al' accroche
   En se moquant d'ly.

Pour nous vanger d'sa malice
   J'y jettons not chapiau,
J'voulons courir, l'pied nous glisse,
   J'tombons dans l'ruissiau;
J'nous r'levons, al' nous échape,
   J'nosons dire rien,
Mais morgué si j'la ratrape
   Al' nous l'payra bien.

Tout en r'mettant nos jartières
   A la Plac' Maubert,
J'avons trouvé deux Bouq'tières
   Qui'ont l'bec ben ouvert;
Qu'as-tu donc? m'dit la plus belle,
   T'as l'air tout fâché,
Tien d'mes fleurs, par'ta chapelle
   J'te f'rons bon marché.

V'la qu'tandis que j'me décrotte
     Al' arrange au mieux
De gros œillets une botte
     Qui charmont les yeux.
Tien m'dit-elle, en conscience,
     Ça vaut du Jasmin,
Pis m'faisant la révérence
     Al' m'les met dans la main.

V'la l'aut' à son tour qui m'guette
     Et m'prend au colet,
D'mes fleurs, dit-ell' faut q't'achepte,
     Y allons mon Poulet.
V'la qu'en reculant en arrière
     J'tombons sur le dos,
Pis j'renversons d'un' Laitière
     La crême et les pots.

Sur mes œillets qu'al' m'arrache
     Al' met son cruchon ;
Not Bouq'tière qui se fâche
     R'troussant son chignon,
En r'levant son inventaire
     L'y bail deux soufflets,

Et dit en la jettant par terre,
  Rend-moi mes œillets.

V'la qu'Messieux d'la populace
  Pour les séparer,
Avec les Dam's d'la Place
  S'mettions à jurer,
Com' j'naimons point leurs querelles
  Non plus qu'leurs caquets,
J'ons laissé là nòs d'Moiselles
  Avec leurs Bouquets.

Du nôt j'ons bonne espérance
  Que Louise rira,
Si j'avons la parférence
  Al' nous parmettra
D'lembrasser à la franquette
  Tout comme j'faisons
Quand j'alons à la guinguette,
  Et que j'y dansons.

Oh! ça M. *Jérôme,* point d' dissi-
mulance, et pis qu'vous êtes un garçon
dont la façon qu' vous pensés naibel-

ment est aussi bian du vrai comme maneselle *Nanette du But* avait d' l'honneur avant qu'al' fut madame vot femme, dites-nous, par écriture, si vous êtes aussi content d' not chanson que d' celle que vous envoyîtes à vot bian-aimée qui devenait d'un d' vot amis qu' est cheux un bureau d' la barrière des Invalides, et qui en mangerait quatre comme vous..... J'ons bian autant d'apetit qu' ly, et si j' n' mangeons pas dans l' même plat. Quoiqu' vous n' soyez qu'un guernouyeux j' savons qu' vous avez plus d'inspériance dans la vérité qu' non pas un habil homme. Vos lettres sont gentilles à manger par où j' nous doutons qu' vous avez encor plus d'esprit que d'mérite, et marque d' çà c'est

qu' j' vous envoyons not chanson
qu' j'avons écrite comme par exprès
pour vous; j' voudrions bian qu'en
r'lâchant vot bachot d' not bord j'
puissions vous racueillir tous deux
avec maneselle *Louison,* pour à celle
fin de la fester par ensemble; ça frait
un quatribor d'amiqué; et pis j'nous
arrangerions pour vous faire avoir à
bonne mesure queuques articles de ce
que j'allons vous détailler. J' les avons
fait treiller dans l'inventaire de ce qui
ne s'est pas trouvé dans un grand
petit navir de Siam poussé par la tem-
pête dans la rivière des Gobelins, qui
est venu échouer contre un tas de
fumier à not porte au biau mittant
d' not cour. Par l'examen que j'en ont
fait aveuc *Nanette Dupuy* en bûvant

l' rogome au cimetière Saint-Jean,
j'ons remarqué qu' biaucoup d'articles
de st' inventaire font partie de stila
d' nos commères d' la Halle. J' vous
en envoyerons un extrait pour à celle
fin d'en bailler la communiquance à
not *Charbonnier* d' la foire, qui comme
oratorien des harengères et d' nos ca-
marades, ayant fiché dans l'idée d' sa
mémoire toute l'inloquence de leur
parlementage, en a fait un *Déjeuné d'*
la Rapée[1], dont M. le public de Paris
a bian voulu payer les frais. Mais
comme dans la première oppression
qui en a été moulée à la Grenouillère
on y a coulé en douceur des liber-
tances qui empêchions qu' tous les

---

[1] *Le Déjeuné de la Rapée*, ou *Discours des
Halles et des Poris*, par M. de l'Écluse.

yeux ne luissent, j' vous prions, M. *Jérôme*, d'y bailler vos abstractions en cas qu' maneselle *Manon* voulut attirer d' nouveaux charlatans dans sa boutique en réchauffant un déjeuné dans un plat de son invention. J' consentons qu'en j'tant une touche de note gaudron sur les merlans d' *Nanette Dupuy*, et en fermant la bouche à stila qui ly en baille pour son argent, al' cousé avec l'éguille de note marchande d' filets pour qu' çà s' voye d' plus loin, les quatre *Bouquets* qu' jons entendu gasouiller par le même oisiau dont une des plumes a fait l'écriture d' vos lettres à maneselle *Nanette du But*. J' voudrions bian en tirer une de ses ailes, dame j'aurions la science du stilage, et pis j' mettrions en biau

habillement tout ça qu' limagination
nous pousse au cœur quand j'allons
civiliser maneselle *Louison,* et quand
j' faisons un entretien d' conversation
pour ce qui est en cas du plaisir qu'
j'avons à cause d' lamiquié que j'
goutons pour all', et qu' j' voulons
sous vot respect se partager aveuc
vous et madame vot femme, et pis
crainte d'ennuyance, j' finissons parce
qu' j' nons plus rian à dire sinon qu'
j' vous allons porter not lettre pour
tirer not révérance dans l' plin cœur
d' la joye. Dame j'avons roulé not
corps dans la politesse, j' n' man-
quons pas dans la civilité comme vous
voyez par la magnière dont j'agissons
aveuc vous, pis qu' j' voulons être
comme d' coutume,

M. JÉROSME,

Vot très-humble sarviteur CADET EUSTACHE, maître passeux tout en devant des Invalides, demeurant sur la gauche du chemin qui enfile tout droit au Gros-Caillou.

Les Quatre Bouquets

POISSARDS

DE M. J.-J. VADÉ

LES QUATRE

BOUQUETS

POISSARDS

DE M. VADÉ.

Auteur des Lettres de la Grenouillere.

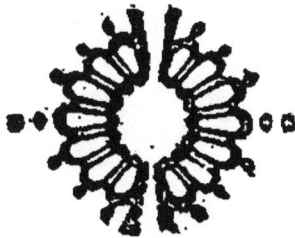

MDCCXLIX.

ÉPITRE DÉDICATOIRE

A L'AUTEUR

PAR SES AMIS

—

IL doit vous paroître étonnant, Monſieur, de voir quelques-uns de vos ouvrages imprimés, ſans les avoir vous-même confiés à l'Imprimeur: & vous devez trouver bien ſingulier de vous les voir dédier ſans peut-être vous douter de l'intention de ceux qui vous adreſſent cette Epitre. Quoiqu'il en ſoit, c'eſt moins un larcin que nous faiſons, qu'un hommage authentique que nous rendons à vos talens; c'eſt moins auſſi indiſcrétion que zèle, qui nous a déterminés à rendre cet ou-vrage public. Quand on a pour objet votre

gloire, vos intérêts particuliers & l'amufe-
ment général, eft-on répréhenfible? & peut-
on craindre d'être accufé de temerité? Toute-
fois fi vous étiez mécontent de la liberté que
nous avons prife, l'accueil favorable que vos
Bouquets recevront indubitablement, nous
fervira d'excufe. D'ailleurs, que rifquez-vous,
Monfieur? N'avez-vous point joui des fuf-
frages de tous ceux qui vous les ont ouï ré-
citer? Les connoiffeurs & les gens les plus
rigides ne vous ont-ils point applaudi? » Il
» fçait (difoient-ils) promener fes Auditeurs
» & fes Lecteurs dans une galerie de tableaux
» grotefques, l'imagination ébauche fes por-
» traits, la vérité broyé les couleurs, la na-
» ture les applique, & la fineffe acheve l'ou-
» vrage. » Que voulez-vous de plus qu'un
témoignage auffi fatisfaifant? Le naif de vos
Lettres de la Grenouillere eft encore remarqué
par bien des perfonnes de goût; on aperçoit
à travers l'enveloppe burlefque du ftile, une
intrigue interreffante, suivie, & délicate.

Souffrez, Monfieur, que nous faffions fuc-
ceder à la justice que nous vous rendons,
quelques reproches d'amitié fur votre négli-
gence; êtes-vous pardonnable de ne point

achever votre Poëme de la *Pipe caſſée* attendu
depuis ſi longtems? C'eſt bien dans cet ouvrage que ce vers de Deſpreaux vous eſt ap-
plicable :

> Partout il divertit, et jamais il ne laſſe.

Vous avez ſuivi à la lettre les maximes
qu'il donne dans ceux-ci :

> De figures ſans nombre égayez votre ouvrage,
> Que tout y faſſe aux yeux une riante image,
> On peut être à la fois & pompeux & plaiſant.

Quoi! vous avez ſi bien profité des conſeils
de ce grand Maître, & vous reſtez en chemin?
Depuis quand la réuſſite affoiblit-elle l'émul-
lation? Nous vous donnons un mois pour
finir ce Poëme, le terme eſt raiſonnable,
ſçachant de vous-même que vous en êtes
reſté à la moitié du dernier Chant : alors
nous vous laiſſerons prendre haleine quelque
tems ; mais enſuite nous vous tourmenterons
de nouveau pour vous exciter à mettre au jour
vos Fables, vos Epitres, & vos Contes, &c.
Nous plaidons contre vous la cauſe du Public, en vous excitant à lui faire part de toutes
vos productions, perſuadés que ſi nous venons

à bout de vous la faire perdre, vous y gagne-
rez beaucoup, puifque l'eftime publique eft
un salaire d'un prix ineftimable pour ceux
qui penfent comme vous; foyez, nous vous
en prions, persuadé de la nôtre, & de l'amitié
fincere avec laquelle nous fommes, Monfieur,
DEVINEZ.

Nous nous fommes chargez des frais de l'im-
preffion, nous vous rendrons nos comptes dans
quelque tems, non pas de la dépense; mais
bien.....

Ne vous fâchez pas, notre propofition eft jufte.

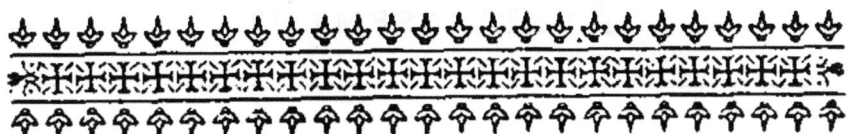

AVERTISSEMENT

IL est peu de gens qui n'ayent entendu les femmes des Halles débiter ce qu'elles difent avec ce ton original qui leur eſt propre, ou tout au moins fe font-ils trouvés avec des perſonnes qui imitent ce langage ; il eſt donc néceſſaire pour l'agrément de la lecture de ces

Bouquets, de tâcher de prendre l'inflexion de voix poissarde aux endroits marqués de guillemets ou lacunes qui servent à indiquer le changement de ton.

PREMIER BOUQUET

A MADAME ***

Toujours l'évenement nous prouve
Que pour trouver il faut chercher,
Et que même souvent on trouve
Ce qu'on ne cherche pas. Tel comptoit denicher
Des Roffignols, déniche des Linottes;
Mais pourquoi direz-vous cette comparaifon
C'eft nous dire à propos de bottes
Que le printemps eft la belle faifon.

Madame, point d'aigreur, ce petit préambule
Vous paroîtra moins ridicule
Quand vous fçaurez que j'ai cherché
Dans plus d'une boutique èt dans plus d'un marché
Sans trouver un bouquet digne de votre fête :

Même en chemin, s'il vous plaît, je m'arrête
Chaque fois que j'entens crier
Des bouquets pour Nanon Nanette.
Chacun en marchande, en achette ;
J'en choisis quatre ou cinq, j'en reviens au premier,
Le premier me déplait ainsi que les quatre autres.
Je les replante tous sur le bord du panier.
» Parlez-donc me dit-on, faut pas tant les magnier.
» Vous avez vos dégouts, j'avons y tout les notres
» Avec son habit rouge, eh! Monsieux tout en feu!
» V'nez vous l'zaurez pour rien, reste échapé d'andouille
» Y s'en va; mais c'est vray, tien donc ça vous patrouil
» Ste marchandise & puis ça part. Adieu.

Dans d'autres tems j'aurois pû me défendre;
Mais sans m'amuser à l'entendre
Je cours; une autre se présente à moi :
« Vla, dit-elle, du beau mon Roi,
» Tnez voyez-moi tout ça. Vla t'y d'la belle orange,
» Et des oeillets! ça parle, on vous voit ça de loin,
» T'nez, t'nez, fleurez-moi ça, ça froit révenir un Ange
» S'il étoit mort. Pendant ce baragoin
Elle ajuste un bouquet énorme,
Mais aussi gros qu'un gros balay,
Comment le trouvez vous? Moi lui dis-je? fort laid.
» Allez, Monsieux le beau; Que Charlot * vous endorm
» Tirez d'ici, meuble du Châtelet.

* *Nom du Boureau.*

Pareil difcours n'eſt-il pas agréable?
Je me fuis vû donner au Diable
Par cent Vendeuſes de bouquets,
Et lorſqu'à leurs tranſports ces Dames s'abandonnent
Si Lucifer prenoit tous ceux qu'elles lui donnent,
  Vous ne me reveriez jamais.

  Auſſi fans le fecours de Flore,
Je prétends vous offrir mon hommage à mon tour.
D'ailleurs votre éclat feul vous pare & vous décore;
Les Lys de la candeur, les Rofes de l'amour
Forment votre ornement & brillent plus encore
Que les fleurs que chacun vous préfente en ce jour.

  Ah, direz-vous, la rufe eſt bonne!
Ne pouvant rien donner il fait un compliment.
  Nenny da, Madame, un moment,
  Sans eau ne baptifons perſonne :
  Flore m'a traité rudement,
  Je me fuis pourvû chez Pomone,
  Et pour Bouquet recevez ce Melon.
  Un Melon! Ah Monſieur badine,
  Eſt-ce pour faire alluſion
A notre fexe? Non, Madame, parbleu non;
C'eſt pour manger, du moins je l'imagine,
  Je ferai content s'il eſt bon.

DEUXIÈME BOUQUET

A MADAME ***

J'AIME à payer ce que vaut une chose;
Mais je repugne à la payer deux fois;
Je fuis piqué, je l'avoue & je crois
    Pouvoir vous en dire la cause.
C'eft vous-même, Madame, ah parbleu j'en rougis!

    A deux pas de votre logis
    Rencontrant une Bouquetiere
    Je l'aborde & lui dis la mere
Faites vite un bouquet. Nous convenons du prix.
Pour qu'il foit plutôt fait je la paye d'avance.
    Elle détache une botte de fleurs,
    Dieu fçait avec quelle élégance
    Elle affortit leurs diverses couleurs.

De feuilles d'oranger galamment décorées,
Pour devenir bouquet il leur manque un lien;
Comme elle l'achevoit ne s'attendant à rien
     Ne voilà-t-il pas les Jurées
Qui viennent tout à coup saisir son pauvre bien;
    · Elles sautent sur l'inventaire
S'emparent des bouquets sans oublier le mien.
    Ma marchande se désespere,
    Et ne voyant aucun moyen
    Pour accommoder cette affaire
D'un coup de pied elle en jette une à terre,
    Bat les deux autres comme un chien,
    Et s'enfuit ne pouvant mieux faire.
Quel scandale! ah pour moi je croi que la colere
    Fait oublier qu'on est Chrétien!

De leurs frayeurs nos trois Dames remises,
S'en vont pestant d'avoir reçu des coups;
Je les arrête, & je leur dis tout doux!
    Dans les fleurs que vous avez prises
Je reclame un bouquet que j'ai payé. » Qui vous?
    Oui moi, tâchez de me le rendre.....
    » Monsieux l'a dit, on ly rendra:
» Qu'il est genti!.pourtant y se fâche! y rira,
    » Sa bouche commence à se fendre
    » S'roit ben dommage de le pendre
    » Car y paroit qu'y grandira.
Vous m'insultez, leur dis-je, & je vais vous apprendre
Qui je suis. » Hâ voyez comme il nous l'aprendra:

» Mon double cœur! quand tu ferois le gendre
    » Du Diable qui t'emportera;
    » Pince donc s'bouquet? tien il n'ofe !
» Donnez-ly du vinaigre, y naime pas l'eau rofe.
» Qui j'fuis! eh quéqu'tes? avec ton grand chapeau,
» Ton habit qui se meurt? & ta fameuse épée;
» C'eft dit l'autre un Seigneur, un cadet de s'château
    » Qu'eft tout vis-à-vis la Rapée.

    » Il grinche les dents! ah j'ai peur!
    » Parlez-donc Monfieux la terreur,
» Faites donc pas comm-ça? ça gâte le vifage,
    » Jerufalem! faint Jean! mon doux Sauveur!
    » Qu'il eft dégourdi pour fon âge!
    » Trois poulets d'Inde & puis Monfieur
    » Feriont un fringant attelage.
Elle en alloit dire bien davantage;
    Mais la troifiéme par bon bonheur
    Lui dit » Finis, tu fais trop de tapage,
» Quand on ne te dit rien, t'es ben fier en caquet,
    » Quoi qui t'a fait ce beau jeune homme,
» Et puis qu'il l'a payé, donne ly fon bouquet.
    » Son bouquet! craque, il l'aura comme.....
» Parguié tu l'entends ben? qu'il nous lâche dix fols.
Oh tenez, les voilà; que ne me difiez-vous.
Lors de ma bonne foi toutes trois interdites,
Me donnent quelqu'œillets par deffus le marché.
» Parlez donc mon poulet? vous n'êtes pas fâché
    » Contre nous autres? pas vrai dites?

Moi ? point du tout. » Adieu note bourgeois.
» J'lavons trop ahuri, ça me fait de la peine,
  » Je devrions toutes les trois
  » Ly faire dire une neuvaine :
» Tu gouaille toi; mais moi fi j'étois Reine,
  » Il feroit godard dans neuf mois.

  Madame, telle eft l'aventure
De ce bouquet fi longtems contefté;
  Si de vous il eft accepté
Malgré l'argent, le couroux & l'injure,
Il ne fera pas trop cher acheté.

TROISIÈME BOUQUET

A MADAME ***

Qui mal veut, mal lui tourne, on l'a dit avant moi
D'autres viendront après qui le diront encore,
  Pourquoi ce proverbe?... Pourquoi!
  Vous l'allez voir. Aujourd'hui dès l'aurore
Je pars de mon logis, ou peut-être d'ailleurs;
   J'arrive dans l'endroit où Flore
  Voit à regret qu'on livre fes faveurs :
Où chaque Nymphe avec adreffe étale
   L'une des fruits, l'autre des fleurs;
   Cet endroit, Madame, eft la Halle.
   Vous devinez pour quel fujet
  J'ai fi matin vifité cette Place?
  Pour vous choifir un paffable bouquet :
L'heure, le bruit, le tems, les cris, rien n'embaraffe;

J'en achete un, mon achat fait
Je veux paffer. Vous croyez que l'on paffe
Dans ces lieux là comme on veut? Point du tout.
   Deux Commeres étoient aux prifes,
Et difputoient un panier de cérifes.
Enchanté! je veux voir la fcéne jufqu'au bout,
   On s'échauffe, mille fottifes
De s'empoigner leur donne l'avant-goût.
     » Ah difoit l'une, on te les garde!
     « Chatouilez-ly fes p'tits boyaux
   » Tu les auras, Vierge de corps de garde!
    » Quand j'aurai rendu les noyaux.

   Maints gros jurons couroient la pofte,
C'étoit à qui donneroit le dernier,
    Après ripofte fur ripofte
    On a partagé le panier.

Moi, riant des bons mots qu'elles venoient de dire,
Pour en entendre encor je refte entr'elles deux.
» Mais dit l'une, vois donc que fouhaite Monfieux!
   » Comme il est là? Quoi donc qui le fait rire,
    » Parlez donc p'tit Jefus de cire
    » Vous êtes comme un amoureux,
 » Comme le vla fleuri! v'nez ça qu'on vous admire
    » Ah Geavotte les beaux p'tits yeux!
  » Qu'ils font bryans! viens donc voir, on s'y mire
    Soudain je me vois entouré
    De fix ou fept, & par degré

On s'aprivoife, on rit, l'une m'arrache
. Une grenade & du Jafmin, . : .' ·
. Puis à fon côté les attache, .
Et l'autre me lâchant un grand coup fur la main
Me fait fauter le refte. Allez vous en au diable
Mes Dames, avec vos façons! :.
Eft ce que nous nous connoiffons
Pour plaifanter ainfi?... » Chien! qu'il eft raifonnable!
» On ne le connoît pas, hé non!
» Vous allez voir! Te fouviens-tu, Manon.
» D'avoir vû danfer dans fte Place ·
» Ste gueufe à qui Charlot avoit mis fous l'menton
» Un grand défefpoir de filaffe?
» C'étoit fa mere, envreté d'Dieu... ·.
» Dis donc pas ça toi, ça le fache, ··
» C'eft l'bâtard à Monfieux Mathieu
» Donneur d'Eau-bnite à faint Euftache.
» Ah la belle vefte fond bleu,
» Vois-tu la frange au bas! Madame! ..
» C'eft comme un repofoir, & S. Gile au milieu!
» Quoi donc, l'épée au vent! Ah voyons donc la lame

Ah. dis-je, c'en eft trop, morbleu,
Je ne puis foutenir des injures pareilles.
Si vous ne ceffez votre jeu
Je vais vous couper les oreilles.
» Les oreilles! Mon cher enfant! ·
» Queu poffedé quand il eft en colere!
» D'puis qu'il eft r'venu de galere,

» Il eſt quatre fois plus méchant!

» Ly! mechant! non, y fait ſemblant.

» Il a l'air tout défait; mais c'eſt toi qui en eſt cauſe,

    » Ne l'agoniſons plus, mais tien

    » Faiſons-ly payer queuque choſe,

    » Va, va-t'y? va. Je le veux bien;

Au même inſtant les coquines m'entraînent,

L'une tirant, l'autre pouſſant me mennent,

    Chez un marchand de brandevin.

    » Sans vous qu'mander, note voiſin,

    » Lâchez-nous, s'il vous plaît, chopine

    » De paſſe en magner' d'eau divine,

    » V'la Monſieux qui n'eſt pas vilain

» Qui nous régale, auſſi j'laimons plus que ma vie.

    » Allons, bijou, mettez-vous là;

» Babet, varſe à Monſieux. Aimez-vous l'eau de vie?

    Non, je ne bois point de cela.....

» Ah mon Dieu, de cela! Manon? comme ça parle?

» Buvez-donc? queu façon, t'nez quand c'eſt avalé

    » Ca court dans l'cœur, ça vous le r'carle

    » Dame, on vend y tout du meſlé.

    » En voulez-vous; Monſieux l'enflé?

» Y n'aime p'têtre pas à boire dans des taſſes.

» Eh bien, veut-il un verre? Hé non!... En verité?

    » Hében donc, à votre ſanté.

Vous me faites honneur, je vous rends mille graces...

    » Ah j'aimons mieux le bénédicité.

» Allons tais toi Fanchon, vas, tu ne ſçais pas vivre

    » Vois-tu pas ben que c'eſt un compliment?

» Monſieux a lû l'écriture d'un livre,
» Ca fait que ſa magniere accueille poliment,
» Pas vrai, Monſieux?... Quoi gn'y a plus de quoi boire
　　» J'irons ben jusqu'à trois d'miſtiers
　　» Si Monſieux veut. Ah volontiers.
　　» Dépéchez-nous, pere Gregoire,
　» Moitié de ça vite, allerte, & du bon.
　　» Ca, faut nous excuſer, nott'-Maître;
　　» Car vous nous en voulez peut-être;
　　» Mais en vous demandant pardon
　　» Et vous baisant, je ſerons quittes.
　　Ce n'eſt pas tout ce que vous dites
　　Qui m'offenſe le plus; mais c'eſt
　　De m'avoir jetté mon bouquet,
　　Et pour en trouver un de même
Auſſi frais, auſſi beau... » Vous me donnez l'loquet
　　» Avec votre chien de regret,
　　» C'eſt vrai, tien donc, le vla tout blême.
　　» Allez, ne vous chagrinez pas,
　» J'allons aller cheux mon oncle Batiſte
　　» Qu'eſt un fier Jardinier fleuriſte,
　» Il a des fleurs juſqu'à la ſaint Thomas :
　　» Ce n'eſt pas bien loin qu'il demeure;
　　» Drès que j'aurons bû ça j'irons.
　» Allons Babet acheve, & puis partons,
» Monſieux paye-t-y tout? Oui. C'eſt bon, v'nez à s't'heur
» Quoi donc! C'eſt pas par-là ! Comme y court? y s'en v
» Dites-nous donc adieu, hé Daniel, bon voyage,
　　» C'esſt pourtant l'bon Dieu qu'a fait ça !

» Queu malin chien! Parlez la belle Image,
» Courrez donc pas ſi fort, vos mollets vont tumber,
    » Rangez-vous donc de ſon paſſage!
» Il a le mors aux dents, garre! y va regimber.

    Graces à mes pieds, de leurs mains je m'échape,
    Proteſtant bien qu'avant qu'on m'y ratrape
On verra vos attraits le ceder à Venus,
    En deffauts changer vos vertus,
    Et mon reſpect, mon amitié, mon zèle
    Déſavouer mon hommage fidelle.

QUATRIÈME BOUQUET

A MADAME ***

Quoi, je ne pourrai pas vous donner un bouquet
    Sans rifquer quelques invectives?
    Sans effuyer de ces femmes rétives
    Tout ce que leur maudit caquet
    Va recueillir daus les archives
    Des Ports, des Halles, du Guichet,
Bon! direz-vous, qu'eft-ce que cela fait?
    Vous ripoftez à leurs façons naïves
Vous en riez vous-même... Oh non pas s'il vous plaît.
Aurois-je débuté par des rimes plaintives
    Si je n'étois tout ftupefait
De ce qu'elles m'ont dit en paroles trop vives?
    Fort férieufement je vais conter le fait.

Vers le milieu de votre rue
Une femme s'offre à ma vue
Avec un corbillon fur fon ventre perché.
Des bouquets à l'entour. » Monfieux, Monfieux, dit-ell
» Vous oubliez du fin. Je me fuis approché;
Je voudrois, ai-je dit, la fleur la plus nouvelle...
» Prenez s't'orange là gn'ien a pas dans l'marché
» D'plu mieux. Combien? vingt fols en conscience;
　　Les recevant elle a lâché
　Un ris fufpect à ma prudence:
　　En effet avec défiance
J'examine & je vois mon bouquet attaché
Au bout d'une allumette. Ah, dis-je, l'impudence?
　　Mais votre bouquet eft fiché,
　Il n'a point de queue... » Allez gonze!
　» S'il eft fiché; vous, vous êtes fichu
　« Chien d'Aumônier du Cheval de bronze
　» Bel ange à double pied fourchu,
　» Demandez-moi quoi qui me d'mande
　» Avec fon vifage fans viande,
» N'avez-vous pas achetté, voyons, parlez... Oui, oui,
Mais tenez, gardez-le... » Mon fifton, grand merci,
« Queux gracieufetés... Allez, laiffez-la dire
　　Me dit une autre en s'approchant,
　» Ly répondre ça feroit pire,
　» All vous grugeroit d'un coup d'dent;
　» Hé Thérefe dit la premiere,
　» Tu vois ben s'Monfieux? C'eft un chien
　» Qui m'trumproit s'il ne valoit rien;

» Car il vous a la mine fiere

» Et le cœur doux. Eh mais ! Il esft en deuil,

» Ca vous va ben ! ça fied à vott' figure,

    » Il a les graces d'un cercueil

    » V'nez m'baifer, v'nez... Ah t'es trop dure,

» T'nez, Monfieux, moi j'vas vous accommoder ;

    » Soit dis-je... Ah ça n'va pas tarder,

    » J'men vante. L'autre que le Diable

Chargeoit du foin de me faire damner,

Les bras croifés, d'un œil défagréable

    S'occupoit à m'examiner.

» Quoi, dit-elle fareau ! vous portez donc la tuette ?

   » Mais répond l'autre, all eft bien faite :

» Pour Monfieux... Ly ? C'eft l'fils d'queuqu' Vitriers.

» A quoi donc qu'tu vois ça ?... Droit aux yeux ça fe jett

» Tien, il a des panneaux de verre à fes fouliers,

» Vois-tu comm'-ça tarluit ! chien ! ça m'ébarluette,

    » Ba, tais toi donc, font des blouqu's à diamans.

    Hé morbleu, dis-je à la feconde

    Dépéchez-vous donc... » Monfieux gronde.

» Therefe, as-tu fini ? Tu fais bisquer les gens,

» Faut qu'il aille porter fes billets d'entermens,

    » Dépêche-toi... Que je m'depêche ?

    » S'il eft preffé, quéqui l'empêche

    » De fouiner *... Je la prends au mot

Et je pars ;... » Parlez-donc ? vieux manche de gigot

    » L'homme ! eh l'homme au bouquet fans queue,

---

* S'en aller.

» V'nez, c'eſt qu'on rit Monſieux ragot;
» Il ſent l'damné d'un quart de lieue;
» Vous arrivrez core aſſez tôt
» Pour faire peur... Allez, Madame,
» Par charité donnez ly l'bras,
» Le vent va l'envoler, car il ne peze pas
« La moitié de ſa ſine lame.

Juſques chez-vous elles mont pourſuivi :
J'y ſuis donc enfin, Dieu merci.
Mais n'attendez point je vous prie
Ni bouquet, ni la moindre fleur
Non pas même un ſouhait flatteur
Pour votre perſonne cherie,
Je ſuis de trop mauvaiſe humeur.
Je me borne à vous rendre compte
De mon guignon & de ma honte;
Et votre eſprit, vif, doux, leger touchant,
Vos attraits, vos vertus, votre amitié ſincere,
Ainſi que votre excelent caractere
Se paſſeront de compliment.

TABLE

TABLE

—

	Pages.
Avant-propos, par GEORGES D'HEYLLI . . .	V
Avertissement	I
Lettres entre M. Jérosme Dubois et Mlle Nanette Dubut	3
Lettre de M. Cadet Eustache à M. Jérosme Dubois	73

LES QUATRE BOUQUETS POISSARDS

Epître dédicatoire	73
Avertissement	97
Premier Bouquet	99
Deuxième Bouquet	103
Troisième Bouquet	107
Quatrième Bouquet	113
TABLE.	119

Achevé d'imprimer

Le dix mai mil huit cent quatre-vingt-cinq

POUR LE COMPTE DE

E. MAILLET, ÉDITEUR

PAR

CHARLES UNSINGER

A PARIS

18